2/01

IGUANODONTE

por Janet Riehecky
ilustraciones de Diana Magnuson

THE CHILD'S WORLD

MANKATO, MN

*Con el más sincero agradecimiento a Bret S. Beall,
Coordinador de los Servicios de Conservación para
el Departamento de Geología, Museo de Historia
Natural, Chicago, Illinois, quien revisó este libro
para garantizar su exactitud.*

Library of Congress Cataloging-In-Publication Data
Riehecky, Janet, 1953-
[Iguanodon. Spanish]
Iguanodonte / por Janet Riehecky;
ilustraciones de Diana Magnuson.
p. cm.
ISBN 1-56766-143-2
1. Iguanodon--Juvenile literature.
[1. Iguanodon. 2. Dinosaurs. 3. Spanish language materials.]
I. Magnuson, Diana, ill. II. Title.
QE862.O65R5318   1994
567.9'7-dc20   93-49023

IGUANODONTE

Hace mucho tiempo la tierra estaba llena de
dinosaurios. Cuando éstos desaparecieron dejaron
muchas pistas acerca de su existencia.

Los científicos que han estudiado estas pistas han
aprendido algunas cosas interesantes.

Por ejemplo, los científicos piensan que
los dinosaurios con cuernos peleaban entre sí
para determinar cuál de ellos iba a ser el jefe
de una manada.

Y piensan que los "cabeza de hueso"
(dinosaurios con cráneos macizos) se daban
cabezazos por la misma razón.

Algunos científicos piensan que a un tipo de dinosaurio le costaba trabajo levantarse cuando se caía.

Y también piensan que otro tipo de dinosaurio
vigilaba a sus crías, de la misma manera que una
madre pájaro lo hace en la actualidad.

Uno de los primeros tipos de dinosaurios que los científicos estudiaron fue el iguanodonte. Ahora sabemos que éste era un dinosaurio de tamaño mediano, que caminaba sobre las dos patas traseras y que tenía una púa afilada en cada uno de sus pies delanteros. Pero en 1822, cuando fue descubierto, los científicos no sabían que era un dinosaurio. Ni siquiera sabían que hubieran existido dinosaurios.

El iguanodonte fue descubierto cuando una mujer llamada Mary Ann Mantell encontró unos dientes enormes en un montón de grava. Se los mostró a su esposo, el Dr. Gideon Algernon Mantell, que se interesaba por los fósiles. Él estudió los dientes y se los mostró a algunos expertos. Aprendió que los dientes se parecían a los del lagarto iguana, pero eran mucho más grandes.

El Dr. Mantell fue a la cantera de donde provenía la grava. Allí encontró más dientes y unos pocos huesos gigantescos. Llegó a la conclusión de que debían haber pertenecido a un pariente enorme de la iguana, por eso llamó a este reptil enorme "Iguanodonte", que quiere decir "diente de iguana". Aunque nadie lo sabía todavía, se acababa de descubrir los dinosaurios.

Muchos científicos comenzaron a buscar huesos gigantescos de reptiles, y los encontraron. Ya se habían descubierto anteriormente huesos enormes, pero los científicos pensaban que eran los huesos de animales conocidos, tales como los elefantes. Ahora se dieron cuenta de que pertenecían a reptiles enormes que ya no habitaban la tierra. Aprendieron

que muchas clases distintas de reptiles habían vivido
en la tierra en el pasado.

Un científico se imaginó el aspecto que habrían
tenido esos reptiles gigantescos, y esa imagen era tan
aterradora que nombró a este tipo de reptil
"dinosaurio", que quiere decir "lagarto terrible".

Algunos científicos estudiaron los huesos del iguanodonte que habían sido descubiertos por el Dr. Mantell y otros. Trataron de determinar cómo iban colocados dichos huesos. Era como intentar completar un rompecabezas con la mitad de las piezas solamente. Los científicos fabricaron un modelo del aspecto que ellos pensaban que tenía un iguanodonte. El dinosaurio se parecía un poco a un rinoceronte gordo con escamas. Incluso colocaron en la nariz del animal la púa que realmente tenía en uno de los pies delanteros.

Los científicos tenían muchas ganas de enseñar al mundo el dinosaurio que habían fabricado. (No sabían entonces que habían cometido muchos errores). Así es que cuando el modelo estaba a medio terminar, decidieron dar un banquete… ¡en el interior del dinosaurio!

Se invitó a muchos científicos importantes. Aunque no tenían mucho espacio para moverse, todos lo pasaron muy bien. La comida fue excelente y se hicieron muchos brindis. Probablemente ésta fue la única ocasión en la historia en que se celebró un banquete dentro de un dinosaurio, sin haber sido la comida misma del dinosaurio.

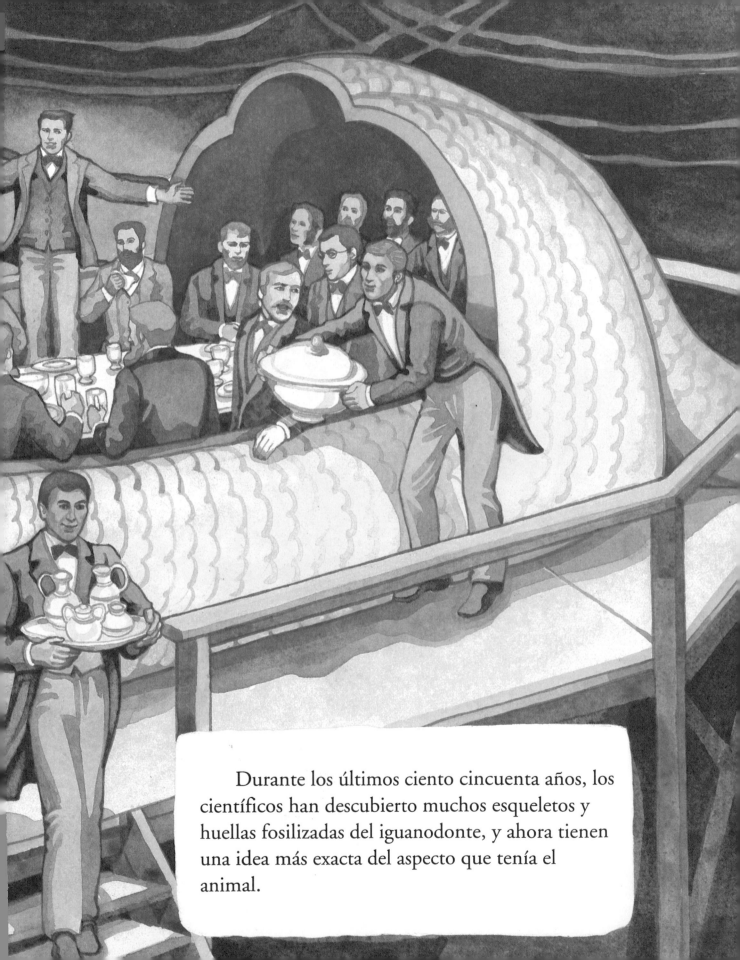

Durante los últimos ciento cincuenta años, los científicos han descubierto muchos esqueletos y huellas fosilizadas del iguanodonte, y ahora tienen una idea más exacta del aspecto que tenía el animal.

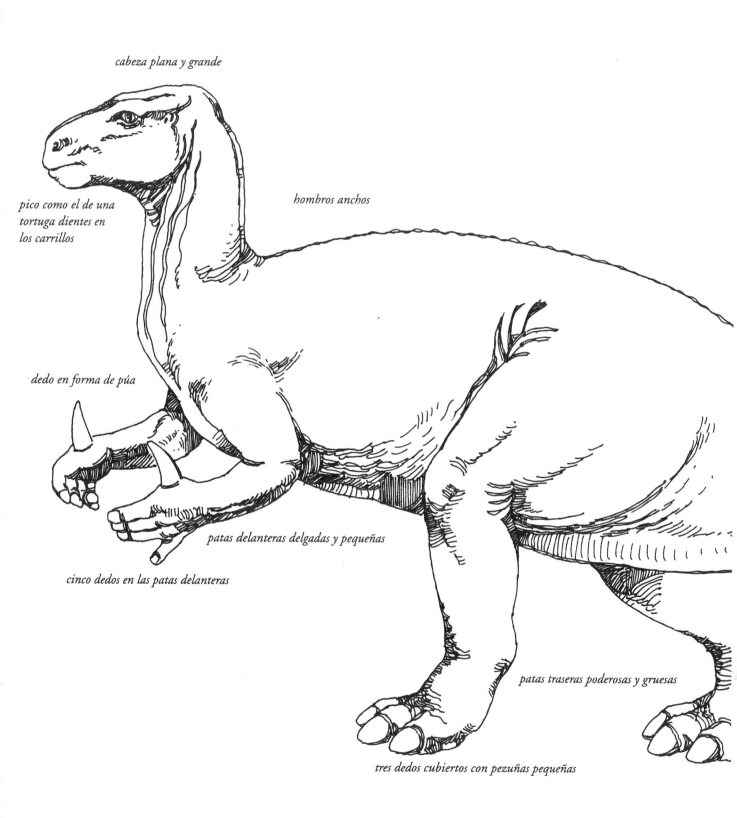

cabeza plana y grande

hombros anchos

pico como el de una
tortuga dientes en
los carrillos

dedo en forma de púa

patas delanteras delgadas y pequeñas

cinco dedos en las patas delanteras

patas traseras poderosas y gruesas

tres dedos cubiertos con pezuñas pequeñas

El iguanodonte medía unos diez metros de largo, cuatro y medio de alto y pesaba unas tres toneladas. Un iguanodonte caminaba sobre sus dos patas traseras con la cola extendida y rígida para mantener el equilibrio. La parte delantera de su cuerpo se inclinaba hacia adelante. (Se parecía un poco a un canguro gordo). Cuando quería estirarse para mordisquear algunas hojas de los árboles, o cuando simplemente quería descansar durante un rato, se alzaba sobre las patas traseras y se sentaba sobre la base de su cola.

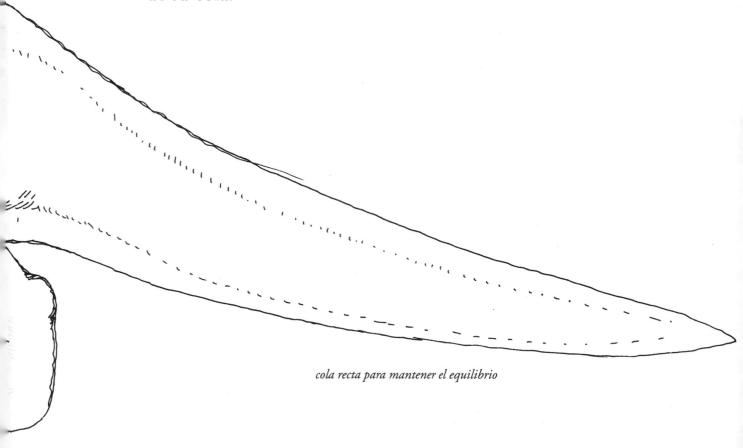

cola recta para mantener el equilibrio

El iguanodonte era un dinosaurio herbívoro. Tenía una boca grande, con un pico córneo como el de una tortuga. No tenía dientes en la parte delantera de la boca, pero en los carrillos contaba con un centenar aproximadamente. Los dientes estaban inclinados de modo que cuando el iguanodonte cerraba la boca, los dientes superiores se deslizaban a lo largo del exterior de los dientes inferiores, de manera parecida a como lo hacen las hojas de unas tijeras.

Algunos científicos piensan que el iguanodonte tenía una lengua larga que podía enrollar alrededor de los juncos y los helechos para arrancarlos y metérselos en la boca. Y si por casualidad arrancaba también ramitas o raíces duras, el iguanodonte las trituraba con sus dientes en forma de tijeras, en vez de ser un mal educado y escupirlas.

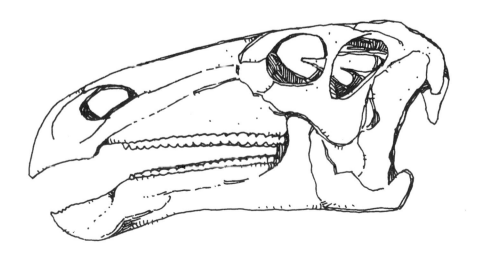

Una de las características más insólitas del iguanodonte era la púa que tenía en cada uno de sus pies delanteros. Tenía cinco "dedos", igual que las personas, pero ¡ni siquiera el Capitán Garfio tenía una púa como la del iguanodonte!

Los tres dedos del medio en la mano del iguanodonte eran bastante rígidos. Se doblaban hacía atrás con más facilidad que hacia adelante. El dedo del extremo se doblaba como el dedo de una persona, y es posible que lo utilizara para agarrar comida. Pero en vez de un dedo pulgar, el iguanodonte tenía una púa larga y afilada, como el cuchillo de un gángster. La púa medía veinticinco centímetros de larga y encima de la misma tenía una garra de cuarenta centímetros. ¡Ésa sí que era un arma peligrosa!

El iguanodonte probablemente utilizaba su pulgar de la misma manera que un gángster utiliza su cuchillo… para acuchillar a un atacante. Esa púa podía haber agujereado la piel más gruesa.

Y no cabe ninguna duda de que había
dinosaurios que querían atacar al iguanodonte.
Durante la misma época y en el mismo territorio
vivían muchos dinosaurios carnívoros fieros. Dos
de los más terribles, el megalosaurio y el altispinax,
eran parientes del tiranosaurio. El altispinax era
un ser muy extraño con una aleta en forma de
vela marina sobre su lomo.

El iguanodonte podía pelear en caso necesario, pero casi nunca tenía que hacerlo. Tenía una vista muy aguda (para ver mejor a un carnívoro que quisiera sorprenderlo), un oído muy fino (para oír mejor a un carnívoro que se le acercara), y un olfato excelente (para olfatear mejor el peligro). Además también tenía un cerebro grande, y por lo tanto era lo suficientemente inteligente como para encontrar la mejor ruta para escapar.

El iguanodonte también se protegía de los carnívoros agrupándose en manadas grandes. Éstas vagaban por los terrenos pantanosos, vadeando entre las marismas y buscando comida. Algunos científicos piensan que el iguanodonte vivía en el agua parte del tiempo. Pero aunque no fuera así, sí podía escaparse a un lago o a un arroyo cuando lo atacaba un dinosaurio carnívoro.

Los científicos no saben mucho sobre cómo nacían las crías del iguanodonte. Piensan que este dinosaurio ponía huevos y que probablemente cuidaba a las crías mientras que eran pequeñas. Sin embargo, éste es un tema sobre el que los científicos todavía tienen mucho que aprender.

Todavía no se sabe todo sobre los dinosaurios. Cada descubrimiento nuevo añade datos adicionales, pero siempre quedan más cosas que aprender sobre esos "lagartos terribles", los dinosaurios.